Patrizia de Rachewiltz

MEIN TAISHAN

AF628975

Patrizia de Rachewiltz

Mein Taishan

Gedichte

Englisch und Deutsch

Übersetzung und Nachwort
von Walter Baumann

EDITION
Noack
Block

Umschlagabbildung: Tuschezeichnung des Taishan

ISBN 978-3-86813-038-6

© Edition Noack & Block in der Frank & Timme GmbH,
Berlin 2016. Alle Rechte vorbehalten

Das Werk einschließlich aller Teile ist urheberrechtlich geschützt. Jede Verwertung außerhalb der engen Grenzen des Urheberrechtsgesetzes ist ohne Zustimmung des Verlags unzulässig und strafbar. Das gilt insbesondere für Vervielfältigungen, Übersetzungen, Mikroverfilmungen und die Einspeicherung und Verarbeitung in elektronischen Systemen.

Herstellung durch Edition Noack & Block in der Frank & Timme GmbH,
Wittelsbacherstraße 27a, 10707 Berlin.
Printed in Germany.
Gedruckt auf säurefreiem, alterungsbeständigem Papier.

www.noack-block.de

Anmerkung der Autorin:

Der Taishan ist ein heiliger Berg in China. Siebentausend Steinstufen winden sich an den Hängen empor, zu einem Ort, wo die Kaiser der Zhou Dynastie vor über tausend Jahren vor Christi Geburt geopfert und meditiert haben.

WHERE BUTTERFLIES GO

Frail wings clasped against the wind
a voice within the cloud, the sky
is not the cradle for your sigh.
By one caterpillar rainbows seem
like threads of summer woven
midst trembling trees.

You are the quiet in the heart,
the trembling and the triumph,
I am the solitary in my walk.
You bathe in moon-light, you
have no need of paradise
whereas I fear the knowing it.

The first leaf is the tale of leaves,
a flutter of yellow and peacock blue,
an easy passion magnified.
You sing and sing in secrecy
you sing as lovers do.
Quietly.

Of mind gone wild you cannot know,
you lead me to our secrets
by way of light. Over the winds
I let you carry me,
to lay on the warm stone
when the sun goes down.

WO DIE SCHMETTERLINGE HINFLIEGEN

Zierliche Flügel gefaltet im Wind,
eine Stimme in der Wolke, der Himmel
ist nicht die Wiege deines Seufzers.
Bei einer Raupe ist das Spektrum
wie sommerliche Fäden
um zitternde Bäume.

Du bist die Stille in meinem Herzen,
das Zittern und das Frohlocken.
Ich bin die Einsame auf meinem Weg.
Du badest im Mondlicht, du
benötigst kein Paradies,
aber ich fürchte es, weil ich davon weiß.

Das erste Blatt erzählt von allen Blättern,
ein Flattern in gelb und pfauenblau,
eine simple Leidenschaft vergrößert.
Du singst und singst im Geheimen,
du singst wie Liebende es tun,
ganz leise.

Vom wildgewordenen Geist kannst du nichts wissen.
Du führst mich zu deinen Geheimnissen
mit Hilfe des Lichts. Über die Winde
lass ich dich mich tragen,
um mich auf den warmen Stein zu legen,
wenn die Sonne untergeht.

Where do you go if not into my soul,
under the birds that peck at me.
Darks things are not for you, you are
your own festivity,
unbearably light you carry your own
bodiless plight

Wohin gehst du, wenn nicht in meine Seele,
zu den Vögeln, die mich picken.
Dunkles ist nicht für dich, du hast
deine eigenen Festtage,
unerträglich leicht trägst du unser
körperloses Schicksal.

MERCURIAL MOON

A full-blown summer night and the web
is woven, a thin organza of peach-
colored thread
with cricket song still lingering.
A doll of straw and rags against
the straggling thunder, the shape of fear.
You gave me a mask
to wear on nights as these, when
you are mercurial,
the you I love the least.
The green wind whirls upon me
and in my sleep
I stretch my arm where you have been.
The man within me
could have risen to the clouds,
could have touched
these winds,
could have stood up sharply in the sky.
"You are the window's lemon light,
I am the dirt along
the sill".
I will sow citrons, oranges and green,
flowers on my skin,
to call you back inside my wing.
I'll sit in the dark,
my hand a white fan unfolding.
I'll sit with heavy hair and vines around
my throat. A shrouded shadow waiting.

LAUNENHAFTER MOND

Eine wirkliche Sommernacht, und das Netz
ist fertig, aus steifen pfirsich-
farbenen Fäden,
und noch zirpen die Grillen.
Eine Strohpuppe und ein paar Lappen gegen
den verspäteten Donnerschlag, eine Schreckgestalt.
Du gabst mir eine Maske
für eine Nacht wie diese, wenn
du launenhaft bist,
das Du, das ich am wenigsten liebe.
Der grüne Wind wirbelt über mir,
und in meinem Schlaf
streck ich den Arm dorthin, wo du warst.
Der Mann in mir
hätte auf die Wolken steigen können,
hätte die Winde
berühren können,
hätte plötzlich im Himmel stehen können.
„Du bist das Zitronenlicht im Fenster,
und ich bin der Schmutz
auf dem Gesims."
Ich werde Zitronen, Orangen und Grünes sähen,
Blumen auf meiner Haut,
um dich zurück zu rufen in meinen Flügel.
Ich werde im Dunkeln sitzen,
meine Hand ein entfaltender weißer Fächer.
Ich sitze mit schwerem Haar und mit Weinreben
um den Hals. Ein verhüllter Schatten, der wartet.

smelled all sweet and warm under the olive trees.
I pull the red leaves one by one standing among
wild flowers and weeds.

Where I feared new faces, she looked straight
in the eye and jingled her bracelets. No one to
pry in the grooves

she ploughed with so much care. She knew, getting
smaller all the time, where to put the roses.
While I, a hungry child, hid bread

in the cracks of the garden wall. Portofino, its thin
blue line stretched at the horizon, matching
the flowers on her teapot.

Looking at her veins she held the fragile cup.
My name falls open like a desert flower
and withers, inadvertently,

to join the beautiful who weep. I should at least
wear a fashionable hat and remember
my honeymoon,

the gondola ride, when she covered my head with
a golden net. Is she always alone or am I?
I hear the sound all through the air

roch so süß und warm unter den Oliven.
Ich rupfe die roten Blätter eins ums andere ab und stehe
unter den Wiesenblumen und dem Unkraut.

Wenn ich Angst hatte vor neuen Gesichtern, schaute sie sogleich
in die Augen und schüttelte die Armspangen. Niemand
sollte in den Furchen schnüffeln,

die sie so sorgfältig zog. Sie wusste, die ganze Zeit
immer kleiner werdend, wohin mit den Rosen.
Während ich, ein Kind mit Hunger, Brot versteckte

in den Spalten der Gartenmauer. Portofino, seine dünne
blaue Linie zog sich hin zum Horizont, und sah aus
wie die Blumen auf ihrer Teekanne.

Sie schaute ihre Adern an und hielt die zerbrechliche Tasse.
Mein Name öffnet sich wie eine Wüstenblume
und welkt, aus Versehen,

um bei den Schönen zu sein, die weinen. Ich sollte wenigstens
einen modischen Hut tragen und die
Flitterwochen in Erinnerung halten,

die Fahrt in der Gondola, als sie meinen Kopf
mit einem Goldnetz bedeckte. Ist sie immer allein,
oder bin ich es?
Ich höre den Ton überall in der Luft.

that was her humming, flashing beads looped
around her neck. I was not supposed
to turn away

not to feel a stronger prison than my darker self.
If paradise is to be here it will have to
include both me and her.

Das war ihr Summen und das Aufblitzen der
Perlen um ihren Hals. Ich hätte mich
nicht abwenden

oder mich in einem festeren Gefängnis fühlen sollen
als in meinem dunkleren Selbst.
Wenn das Paradies hier sein soll, muss es
für uns beide Platz haben.

THE SUMMER OF WHITE ROSES

So slow is the bride's white rose to open and
the corn flowers have grown while we sleep

Under a hard green leaf with all
the years ahead I crawled into
your caterpillar world of
scattered altars laid on
moss and earth.

Ebbed on the wind we stepped
out in the clear thin air my
throat was swollen full of
song a broken sound
like weeping.

Into a lovelier world we danced
with happy hands and golden
weeds between our toes
you made me bride I
made you rose.

DER SOMMER DER WEISSEN ROSEN

So langsam öffnet sich die weiße Rose der Braut, und
die Kornblumen sind gewachsen, während wir
geschlafen haben.

Unter einem zähen grünen Blatt mit all den
künftigen Jahren kroch ich in deine Raupenwelt mit
all den verstreuten Altären auf
Moos und Erde.

Vom Wind getragen schritten wir
hinaus in die klare dünne Luft. Meine
Kehle war mit Liedern angeschwollen,
mit abgehacktem Ton,
wie beim Weinen.

Hinein in eine lieblichere Welt tanzten wir,
mit glücklichen Händen und mit goldenem
Kraut zwischen den Zehen.
Du machtest mich zur Braut, ich
dich zu einer Rose.

MY TAISHAN

Obtuse I may call myself, a goat perched
on a high rock.
Little bushy greens to survive glacier winds.

Masses of clouds driven in, a place of force.
Winged leaps,
black stones holding vigil, unconsumed.

Into the deep-gorged chasm a waiting sound.
I feel the knife of worship stab my tongue,
passion still-born.

The abyss plummets upwards, shifting rocks.
You stalked me but I drew back
in the cold mist.

I caught your scent way ahead of you.
The tight snobbery between us,
like pegs too deep to uproot.

Cold grit underfoot, the way upward infinite.
A space we are given, a luminosity
at the end of the tunnel, they say.

A kinder green.

Baa, baa. . . Let me go gracefully
on paths, perfumed, of wilderness.

MEIN TAISHAN

Dumm mag ich mich nennen, eine Ziege
auf hohem Fels.
Kleine grüne Stauden, um die Gletscherwinde zu
überstehen.

Wolken kommen daher, ein Ort voll Kraft.
Beflügelte Sprünge,
schwarze Steine halten Wache, unerfüllt.

Im tiefen Schlund der Schlucht ein wartender Ton.
Ich spüre, wie das Messer in die Zunge sticht,
todgeborene Leidenschaft.

Der Abgrund stürzt aufwärts, die Steine verschieben sich.
Du schlichst mir nach, aber ich zog mich
in den kalten Nebel zurück.

Ich machte deinen Duft schon von weitem aus.
So stark eingebildet waren wir,
wie zu tief versenkte Pflöcke.

Kalter Sand unter den Füßen, der Weg nach oben endlos.
Ein Ort für uns, das Licht
am Tunnelausgang, wie man sagt.

Ein netteres Grün.

Bää, bää . . . lass mich in Würde gehen
auf wohlriechenden Pfaden der Wildnis.

WHERE THERE ARE HILLS

When day begins to end, in the shade of a juniper
sky, her heart dissolves to deeply torn
shreds, a tangle of maledictions from
great-grandmothers down
the line of hard split
tongues. Too many times to care whose
chosen words she's after.

Whole and without a frame, in the undertow of
what is beautiful, she tears herself open
and does not bleed. Something like a
hill where the heart might be.
A wilderness tamed, she lets summers in
the old spaces. A harvest of fresh
lavender blooming in her closet.

The tearing exactly in the center, where
there are no clues but pleasure.
Faceless, the moon, had it but eyes
to spare, a soft thing moving
through fragile thoughts.
Secrets, in the shape of lips,
have worn her past her time of dreams.

WO HÜGEL SIND

Wenn der Tag beginnt zu enden, im Schatten des
wachholdernen
Himmels, zerfällt ihr Herz zu tief zerfetzten
Schnipseln. Ein Gewirr von Verwünschungen von den
Urgroßmüttern, der Linie nach
mit gewetzten Zungen. Zu oft, um sich zu kümmern,
von wem die Worte sind.

Ganz und ohne Rahmen, im Wellengang von dem,
was schön ist, reißt sie sich auseinander,
aber blutet nicht. Etwas wie ein
Hügel, wo das Herz sein könnte.
In einer gezähmten Wildnis lässt sie die Sommer
an die alten Plätze kommen. Frisch gepflückter Lavendel
blüht in ihrem Schrank.

Zerschlitzt genau in der Mitte, wo
keine Hinweise sind, nur Vergnügen.
Gesichtslos, der Mond, hätte er doch Augen
zu vergeben, etwas Weiches sich bewegend
durch zerbrechliche Gedanken.
Geheimnisse, in der Form von Lippen,
haben sie an der Zeit der Träume vorbei getragen.

A taste of sugar at the edge of the spoon,
her mouth won't grow it she cut herself.
Her smile would be red.
Many things are made of pride.
The geese will grow darker
as the night is spread, her face
will be soft and dry.

Eine Spur von Zucker am Löffelrand,
ihr Mund wird nicht wachsen, wenn sie sich schneidet.
Ihr Lächeln wäre rot.
Vieles entsteht aus purem Stolz.
Die Gänse werden dunkler werden,
wenn die Nacht sich ausbreitet und ihr Gesicht
weich und trocken wird.

BUT THERE WAS KINDNESS

Too soon for spring the stillness before
the sound, alarming if I sang now.

A dark resonance on my naked limbs,
caught between the folds of white sheets.

Sweet lullaby that holds to the heart, if you
are anywhere near, come quickly.

Sing me into sleep and the dream. Sing up-
wards, to reach that small heaven with the

perfect match in the puzzle. There are journeys
on my walls, memories in black and white.

You and I were the voyage through crevices and
rubble, a world after a war, a marching sentence.

To guide us we needed different shades of light,
brightness alone could make us or a force

with a cryptic name. A goddess to dance with
or a god without shame. There is a place we keep

making, palm against palm, a calm insight, then
moving slowly away from each other.

ABER DA WAR GÜTE

Zu früh für den Frühling ist die Stille vor
dem Ton, erschreckend wenn ich jetzt singen würde.

Ein dunkler Widerhall auf den nackten Gliedern,
gefangen in den Falten weißer Betttücher.

Ein süßes Wiegenlied, das sich ans Herz klammert, wenn du
irgendwo in der Nähe bist, komm schnell.

Sing, damit ich schlafe und träume. Sing in die
Höhe, um jenen kleinen Himmel zu erreichen, der genau

zum Rätsel passt. Es gibt Reisen
an meiner Wand, Souvenirs in schwarz und weiß.

Du und ich, das war der Weg durch Spalten und
Geröll, eine Nachkriegswelt, ein Strafmarsch.

Zur Führung brauchten wir variables Licht,
nur Helligkeit konnte genügen, oder eine Kraft

mit verschlüsseltem Namen. Eine Göttin zum Tanzen
oder einen Gott ohne Scham. Es gibt einen Ort, den wir
immer wieder

schaffen, Hand in Hand, ein stilles Erkennen, dann
ein langsames Auseinandergehen.

See me with a voice, see my unspoken words before
I speak. Hold me against the layers of time.

You the returning stalker with your torrid heat, lusting
For transparency. The more I rub away,

the more I shine.

Sieh, ich hab eine Stimme, sieh meine ungesprochenen
Worte bevor
ich spreche. Schütz mich vor den Stufen der Zeit.

Du, der heimkehrende Jäger, in deiner Gluthitze,
schmachtend nach
Durchsichtigkeit. Je mehr ich poliere,

je mehr glänze ich.

THE MOUNTAIN MAN

over the edge I fall
in to your
glacier depth
and peck spring violets
from your eyes, you
cut your way
through every part
of me

long-legged deer
breathe down
green slopes in
the approaching light
strong solid pillar
bent fidelity
to old lives scythed
and put to sun

a yielding dough
your heart has known
no love, yet knows
the swish of whetstone
against blade, you are
the most alone
but fit under the stars
more than I

DER BERGLER

über den Rand stürz ich
in deine
Gletschertiefe
und entferne Frühlingsveilchen
aus deinen Augen
du hast deinen Weg gebahnt
durch jeden Teil
von mir

langbeiniges Wild
kommt schnaubend zu
grünen Hängen im
werdenden Licht
starke solide Säulen
gebeugt in Treue
zum alten Leben
gemäht
und an der Sonne

ein knetbarer Teig
dein Herz hat keine Liebe
gekannt, aber es kennt
das Zischen des Wetzsteins
an der Schneide, du bist der
allereinsamste
doch unter den Sternen
tüchtiger als ich

flood me with
stones that rush
black
through gurgling
streams
and blow
your breath through
hollow horns
crossed against yours
my soul will glow

bewirf mich mit
schwarzen Steinen die
durch gurgelnde Bäche
stürzen
und jage
deinen Atem durch
hohle Hörner
vermählt mit deiner
wird meine Seele erstrahlen.

THE YELLOW CHAIR

We like
the cat and I
the yellow chair
in the corner
where the light
from the window
falls easy
to dust.
We must not
move it
you and I
so tenuous is my
hold and
your world.
The night
has the face
of the cat.
Seeming to
take little bites
at imaginary
tufts of grass.
Contemplating the spheres
clear as water
where I am lost
and you save me.

DER GELBE STUHL

Wir lieben
die Katze und ich
den gelben Stuhl
in der Ecke
wo das Licht
vom Fenster
sanft einfällt
in den Staub.
Wir dürfen ihn nicht
entfernen
du und ich
so schwach ist mein
Halt und
deine Welt.
Die Nacht
hat das Gesicht
der Katze.
Scheinbar beißt sie
in kleine eingebildete
Grasbüschel.
Denkend an die Sphären
die klar wie Wasser sind
wo ich mich verliere
und du mich rettest.

THE WANTING

I stand, in the doorway.
The light finds its shape in the cloud,
chafed at the edges.
The geese are gone. Their shrieks leave holes
in the air,
pellets of a hard substance.
Set close, the quiet dark craters of old habits.
So peaceful where I am
left dreamless.
I rub my back, I rub
the table clean of crumbs and circled smudges.
All this giving spills like hot milk,
leaving a dark crust.
It will crack like a dry wound
reopened, the burn up the shoulder, holding
the world with tears
until all the faith
wears out. I cannot bear this giving all at once.
I am heavy with giving.
Afraid part of me will get lost on the cold floor,
and shreds of me found in corners.
I need a broom shaped for me, the famished I,
to cut myself free from my addiction:
this piercing black tattoo—this wanting
wanting you.

DAS VERLANGEN

Ich steh bei der Tür.
Das Licht findet seine Gestalt in den Wolken
und ist zerfetzt an den Rändern.
Die Gänse sind weg. Ihr Geschrei lässt Löcher
in der Luft,
kleine Kugeln von etwas Hartem.
Nah zusammen, die stillen, dunkeln Krater alter
Gewohnheiten.
So friedlich, wo ich
traumlos verbleibe.
Ich reibe meinen Rücken, ich wische
die Brosamen und Flecken vom Tisch.
Sieht aus wie verschüttete heiße Milch
und lässt eine dunkle Kruste zurück.
Sie wird platzen wie eine trockene Wunde,
wieder offen, das Brennen an der Schulter,
die Welt mit Tränen aufhaltend
bis jeder Glauben
ausgeleiert ist. Ich ertrag dieses Sofort-alles-geben nicht.
Ich trage schwer am Geben.
Fürchte, dass ein Teil von mir auf dem kalten Boden
verloren geht
und Fetzen von mir in den Ecken gefunden werden.
Ich brauch einen Besen nach meiner Form, das hungernde
Ich,
um mich los zu fegen von meinen Lastern:
dieses stechende Tattoo – dieses Verlangen,
Verlangen nach dir.

SUMMER 1958

(E. P. returns to Italy)

I was eight and he was coming.
A giant with large wings.
My plaits felt tight as ropes
hauling a ship into a safe harbor.
Freedom, a tough lady to please.
Worlds beyond mine, a name.
So huge, on the way down, we met
half way where it was steepest.
Passed the rose-bush and the cross
where I knelt and made the sign.
He walked in front it seemed to me
He was bouncing.
The mountains were closing in,
my heart stuck in my ribs.
How to kiss him, so tall, so steep,
so out of proportion. Yet somehow
I wish to remember his hand
on my cheek, the smile from above.
In retrospect all fear mellows.
I did not know then that even giants
have fears and suffer if put in a cage
like a beast.
Words sprung from there made eternal
as Brancusi's bird. Levitated and bent
a hot iron. A life of it.
When the sky grew dark he brought us
together like monks after a happy repast
and mesmerized us with his voice.

SOMMER 1958

(E. P. kommt nach Italien zurück)

Ich war acht, und er kam,
ein Riese mit breiten Flügeln.
Meine Zöpfe waren steif wie Seile,
die ein Schiff in einen sichern Hafen ziehn.
Freiheit, eine schwer zu befriedigende Frau.
Welten jenseits der meinen, ein Name.
So groß, auf dem Weg hinab, wir trafen uns
halbwegs, wo es am steilsten ist.
Am Rosenstock vorbei, und am Kruzifix,
wo ich niederkniete und mich bekreuzigte.
Er ging voran, es schien,
als ob er hüpfte.
Die Berge schlossen uns ein,
mein Herz drückte gegen die Rippen.
Wie ihn küssen, so groß, so steil,
so übermächtig. Doch irgendwie
wünschte ich, mich zu erinnern an seine Hand
an meiner Wange, an das Lächeln von oben herab.
Im Nachhinein löst alle Furcht sich auf.
Ich wusste damals nicht, dass sogar Riesen
Angst haben und leiden, wenn sie im Käfig
sind wie Tiere.
Worte kamen von dort für die Ewigkeit,
wie Brancusis Vogel. Schwebend und gebogen
wie heißes Eisen. Ein ganzes Leben lang.
Wenn der Himmel sich verdunkelte, brachte er uns
zusammen, wie Mönche nach einem fröhlichen Mahl,
und verzauberte uns mit seiner Stimme.

Spirals and depths and something
so sad.
He was old and tired as we stood together
on the Canale where the gondolas rocked.
Silence,
the ultimate cry for mercy.
If then I did not take his hand in mine
I close my eyes and know where there is
PARADISO.

Spiralen und Blicke in die Tiefe und etwas
so Trauriges.
Er war alt und müde, als wir zusammen waren
am Kanal, wo die Gondolas schaukelten.
Stummheit,
der letzte Schrei um Erbarmen.
Wenn ich damals seine Hand nicht in meine nahm,
schloss ich die Augen und wusste, das war das
PARADISO.

QUIETER AGAIN

(For my mother)

You are quieter again, the valley
at your feet in the morning
and the first bird darts
across your face.

Stone upon stone, piled up
the years of solid walls,
to split the strain
of many lives.

In the wind your melancholy
dances still, while
the cherry sap pours
through your fingers.

A vastness of sky in your eyes,
an infinite
succession of antique verses
renew themselves

WIEDER RUHIGER

(Für meine Mutter)

Du bist wieder ruhiger, das Tal
zu deinen Füßen am Morgen
und die ersten Vögel taumeln
vor deinem Gesicht.

Stein auf Stein, in Jahren
fest gemauert, um vielen
Leben die Müh zu ersparen.

Noch tanzt deine Schwermut im Wind,
während der Saft der Kirschen
durch deine Finger rinnt.

Ein weiter Himmel in deinen Augen,
eine endlose Folge
antiker Verse
wird wieder neu.

in your soul, wrapped with care
by heedless winds
and the green of time. The cross
of roses

stands out on the slopes as you return
to the womb where the slow
river speaks of the dear poet.
The cricket

looks out for you in summer sleep
to love you;
the strength of remembering
                                        is in starting all over.

In deiner Seele, sorgsam
von achtlosen Winden umgeben
und dem Grün der Zeit,
kommt das Rosenkreuz
am Abhang in Sicht,
und du gehst zurück in den Mutterleib
wo der langsame Fluss vom
geliebten Dichter spricht.
Die Grille

spürt dich auf im Sommerschlaf,
um dich zu lieben.
Die Kraft des Erinnerns
liegt im nochmals von vorn beginnen.

THE LIGHT ABOUT IT

To one splendid flowering man
I owe this day.
Wild geese flew from His hair
into the small winds and out of His hand
came the sun to guide me
when He let go of me.

And so did all the men who came at me
with swords and a heart
full of tragedy.
If the happiness lasts, they would say,
I might walk every day up the path
with a burden of leaves
on my head, making up sounds
and return to the bed to be taken.

The language I made was from
broken skin and the bruised
shreds of dawn left me
to crawl to any dark tree, a weakness
of heart not tenderness.
I wake with the cry of a newly born.
As the bird's love song springs
right at me
it gathers the light about it.

DAS LICHT RUND HERUM

Einem herrlichen, blühenden Mann
verdanke ich diesen Tag.
Wildgänse flogen aus seinem Haar
in laue Winde, und aus seinen Händen
kam die Sonne, um mich zu führen
wenn Er mich nicht mehr hält.

Und so taten es alle Männer, die an mich gerieten
mit Schwertern und einem Herz
voller Tragödien.
Falls das Glück dauert, pflegten sie zu sagen,
möge ich jeden Tag den Pfad hinaufkommen
mit einem Blätterhaufen
auf dem Kopf, einen Ruf ausstoßen
und zurück ins Bett gehen, um genommen zu werden.

Die Sprache, die ich machte, kam von
geschürfter Haut und den Prellungen
im Morgengrauen,
kriechend zu irgendeinem dunklen Baum, eine Schwäche
des Herzens, nicht Zärtlichkeit.
Ich erwache beim Geschrei eines Neugeborenen.
Während des Vogels Liebeslied mich
überrumpelt,
sammelt es das Licht um sich herum.

WHERE EYES YOU ARE

Your white laugh's end-of-winter almond
eyes kissed
by light lips of the man in the moon.

Lovely slithering snake of amber
on the underside your eyelids are
silvery clouds. Drifting, just to come near.

If there were someone, lower light
going, someone to hear
to break the spell of the shadows,

to the farthest light I'd take you
to one portrait in your face
a memory, sometime.

Down the deep, down the spiral sheen
across all hour & distance & death, your eyes
I follow, inside your dream.

WO DU NUR AUGEN BIST

Deine weißen, am Winterende lachenden Mandel-
Augen, geküsst von den gewichtlosen
Lippen des Manns im Mond.

Niedlich schleichende Schlange aus Bernstein,
auf der Unterseite sind deine Lider
Silberwolken, dahintreibend, nur um näher zu kommen.

Wenn da jemand wäre, im schwindenden Licht,
jemand, der den Bann
des Schattens brechen könnte,

nähme ich dich zum entferntesten Licht
zu einem Abbild in deinem Gesicht,
als Andenken, irgendwann.

In die Tiefe, die Glanzspirale hinunter,
hinweg über alle Stunden, Entfernungen und den Tod,
folg ich deinen Augen, mitten in deinem Traum.

NOT I, BUT THE CHILD

Strange is he to me, my son, a young bird
on whom I waited like a lover.

I look away from his torn hands that
once clung inside me like small

cocoons. Pale and beautiful he is, with eyes
that hover upon the distance.

He seeks release from my cringing hold,
like a bird blown by frozen winds

into my hearth. His broken wing
drags and beats away my expectant

eyes. A sharp spark, a lift of the brow,
his fist clutched as he hears my sighs.

I must fold my hands and turn my face to
the wind, and watch my days

fill the gray absence in my heart.
He comes to me with broken words

and my love creeps up, frightened with joy,
falling like fragile notes from the harp.

ICH NICHT, DOCH DAS KIND

Fremd ist er mir, mein Sohn, ein junger Vogel,
den ich umsorgt habe wie einen Liebhaber.

Ich wende mich weg von seinen verletzten Händen, die
einmal in mir sich festhielten wie kleine

Gespinste. Blass und schön ist er, mit Augen,
die in der Ferne schweben.

Er sucht sich loszumachen aus meinem festen Griff,
wie ein Vogel, den der Winterwind

in mein Kaminfeuer geblasen hat. Er schleppt seinen gebrochenen Flügel
nach und zerschlägt die Hoffnung

meiner Augen. Ein knallender Funke, ein Heben der Augenbrauen,
mit geballter Faust hört er mein Seufzen.

Ich muss die Hände falten, mein Gesicht
in den Wind drehen und zusehen, wie meine Tage

die graue Leere füllen in meinem Herz.
Er kommt zu mir mit gebrochenen Worten

und meine Liebe kriecht hervor, erschreckt vor Freude,
die fällt wie zerbrechliche Harfentöne.

The angel of childhood kissed me and went,
here stands a man. I must sit and wait

until he takes my hand, if he answers
the voice of my life. All the first years

bent over him. Let my lips whisper: please
bend over me now.

Der kindliche Engel küsste mich und ging,
hier steht ein Mann. Ich muss sitzen bleiben und warten

bis er meine Hand nimmt, falls er der Stimme
meines Lebens eine Antwort gibt. All die ersten Jahre

war ich gebeugt über ihn. Lass meine Lippen flüsternd sagen:
Bitte, beug du dich jetzt über mich.

LEAD ON

T'is this—the absence that follows.
A death moth grown beside you—

oubstinate, the color of mud.
Weeping walls worn down, a whiteness.

The tight-laced bondage to the hurt,
a rope tied twice round the waist—

scream-less mouth dribbling platitudes
cornered between the You and the I—

If not death what will us part? Keeper
of seeds, a numbness broken, open.

They enter me, your smiles, on bright
mornings. I have moved into a long

warm afterglow—The rooted vigil of
bold peaks etched in your pale face.

A flat moon drags its cloak over me
like on a sick animal, small, in hiding.

Are you made new if beauty is?
A solitary spark spills. Grows large.

So serenely light includes me.

FÜHRE MICH

Das ist's — die Leere, die nun folgt.
Ein Todesfalter, der neben dir gewachsen ist —

stur, und dreckfarbig.
Abgetragen sind die weinenden Wände, jetzt nur noch weiß.

Die enggeschnürte Gefangenschaft des Verletzten,
ein zweimal um die Taille gewundener Strick —

ein nicht schreiender Mund, aus dem Plattitüden tröpfeln,
eingefangen zwischen dem Du und dem Ich —

Wenn's nicht der Tod ist, was wird uns scheiden? Bewahrer
des Samens, Gefühllosigkeit vorbei, offen.

Es kommt in mich hinein, dein Lächeln, an hellen
Morgen. Ich habe mich in eine lange

warme Nachglut begeben — Die verwurzelte Überwachung
kühner Berge eingestochen in dein fahles Gesicht.

Ein flacher Mond zieht seinen Mantel über mich,
ein krankes Tier, klein und im Versteck.

Wirst du wieder neu, wenn es die Schönheit gibt?
Ein einzelner Funke löst sich los. Wird mächtig.

So bin ich auch im heiteren Licht.

BELOVED

The mist was thick in Piazza San Marco,
you said.
Pearl water world where the black swans
between moving poles gently
sparkle his name
beneath the algae and the shell. Deep set
eyes on stone
are done with weeping. Now dolphin's eyes.
He may be seated on the steps
in the sun,
watching you on a calmest day. A trace of joy
as you are cherished beyond all loving.
It is enough
to remember the back of his hand. Enough
to remember,
                like one more wave.

GELIEBTER

Der Nebel in der Piazza San Marco war dicht,
sagtest du.
Eine perlmutterne Wasserwelt, wo die schwarzen Schwäne
zwischen den sich bewegenden Stangen sacht
seinen Namen funkeln
unter den Algen und Muscheln. Tief versenkte
Augen im Stein
weinen nicht mehr. Jetzt sind es Delfinaugen.
Er mag wohl auf den Stufen sitzen
an der Sonne,
und dich an einem der ruhigsten Tagen beobachten. Eine
Spur von Freude,
da du geschätzt bist weit über jede Liebe hinaus.
Es genügt,
sich an seinen Handrücken zu erinnern. Genug
zum Erinnern,
wie an noch eine Welle.

WE ARE

face to face
more fragile

the lyric
of eyes, lips, chin

while giving
might dissolve

in taking
and while taking

make ours to keep.
Is it my face

lit up in yours
that shines?

Is it yours in mine?
Is one the mirror

the other inside it?
A conspiracy of thoughts

and slender hands
making time

while our wings drop
and leave us, unveiled

WIR SIND

von Angesicht zu Angesicht
mehr zerbrechlich

das Lyrische
der Augen, der Lippen, des Kinns

könnte im Geben
sich auflösen

beim Nehmen
und während des Nehmens

mach, dass wir das Unsere behalten.
Ist es mein Antlitz

beleuchtet in deinem,
das leuchtet?

Ist meines in deinem?
Ist das eine der Spiegel,

das andere in ihm?
Eine Gedankenverschwörung

und schmale Hände,
die den Takt angeben,

während unsere Flügel sinken
und uns verlassen, ohne Maske

face to face
with ourselves.

von Angesicht zu Angesicht
mit uns allein.

LIKE GHOSTS

This is spring, this is day, this wondrous
Salzburg of the mind.
In hunter's green, you walked ahead
growing tall, I trod through air made golden.
Bone buttons and a horn of brass
that kept the sky at bay,
the nape, the shape of your ear,
the feathered hat. My arms held out in love.

This is winter, this is night, the trees
have withered.
Too soon to break the pattern of a life.
The cry behind the words
blew out the candle. The thin blue line
remained. Like ghosts you held
what was the saddest part of us and asked
for quietness in the dark.

We pried the old grief open,
your hand, transparent, grazed my finger tips.
A halo of solitude where
that small spring miracle still looms.
This is now, I brace myself, as for a fall.
I need to draw a perfect circle in my thoughts
and wake where you have known me.

WIE GEISTER

Dies ist der Frühling, dies ist der Tag, das wundersame
Salzburg in den Köpfen.
Im Jägergrün gingst du voran
und wurdest immer größer. Ich schritt durch vergoldete
Luft.
Knöpfe aus Knochen und ein Horn aus Messing,
die den Himmel aufhielten.
Dein Nacken, die Form deines Ohrs,
der Hut mit der Feder. Meine Arme ausgestreckt voll Liebe.

Dies ist der Winter, dies ist die Nacht, die Bäume
sind verwelkt.
Zu früh, den Lebensplan zu durchbrechen.
Der Schrei hinter den Worten
löschte die Kerze aus. Die dünne blaue Linie
verblieb. Wie Geister hieltst du,
was das Traurigste war an uns und batst
um Ruhe in der Dunkelheit.

Wir brachen unsre alte Trauer wieder auf,
deine durchsichtige Hand streifte meine Fingerspitzen.
Ein Heiligenschein der Einsamkeit, wo
das kleine Frühlingswunder immer noch besteht.
Dies ist das Jetzt, ich bereite mich vor, wie auf einen Sturz.
Ich muss in Gedanken einen perfekten Kreis zeichnen
und dort aufwachen, wo du mich gekannt hast.

I wait and fear some waltzing moons,
to remember you by.
A slow dance backwards
when your ashes flew
into the hungry jaws of winds.
I held death like an amulet against my breast,
seeking ways of something made secure.
No other than a butterfly with mended wings.

Ich warte und fürchte mich vor Monden im Walzertakt,
als Erinnerung an dich.
Ein langsamer Tanz zurück,
als deine Asche in den
hungrigen Schlund des Windes flog.
Ich hielt den Tod wie ein Amulett gegen meine Brust
und suchte etwas, womit es fest zu machen.
Nichts weiter als ein Schmetterling mit reparierten Flügeln.

RIVER END

When she rubs her knees on a quiet Sunday
the sun aglow against the wall, she sings
with gentler voice.
He follows the bees, his pipe in the crippled hand.

Sugar tastes of winter and war.
Other daughters came, thick braids looped and ribboned.
Windows flower-frosted.
In the stillness of sleep the breathing of the old.

Geraniums kept inside to fight the cold. Leaves velvet
and dust. The hens kept in the kitchen
that smelled of yeast and dough.
A succession of winters,

And the sound of the river, endless, making distance.
Your graves, solid, near the wind-edged stone.
Alone—and warm against the glowing wall
the apricot tree,

where the heart has not stopped.

DER GESANG DES FLUSSES

Wenn sie die Knie einreibt an einem ruhigen Sonntag
und die Sonne die Wand aufwärmt, singt sie
mit zarterer Stimme.
Er schaut nach den Bienen, mit der Pfeife in der
verkrüppelten Hand.

Der Zucker schmeckt nach Winter und Krieg.
Andere Töchter kamen, mit dicken Zöpfen um den Kopf
und mit Schleifen.
Eisblumen an den Fenstern.
In der Stille des Schlafs das Atmen der Alten.

Die Geranien im Haus, um sie vor der Kälte zu schützen.
Samten die Blätter
und staubig. Die Hühner in der Küche,
wo es nach Hefe und Teig roch.
Winter für Winter.

und der Gesang des Flusses, ohne Ende, weiterziehend.
Eure Gräber, solide, nah am Wind zugewandten Stein.
Allein — und warm an der Sonnenwand
der Aprikosenbaum,

wo das Herz nicht stillgestanden ist.

A MOUNTAIN NOW

Crystal—
glacier of the cold,
the older

side of blue
in your eyes. Spring
violets

scythed, no match
for sugar-coated mantras
but little nests

to hide in.
The green godly
slopes

how the sun polishes your shoulders!
Into the winds the swish
of whetstone

against blade.
My heart a rising dough
magnified

JETZT EIN BERG

Kristall —
ein Gletscher an der kalten,
der alten

Seite blau
in deinen Augen. Frühlings-
Veilchen

abgemäht, nicht vergleichbar
mit verzuckerten Mantras
sondern kleine Nester

zum sich verstecken.
Der grüne göttliche
Berghang

wie die Sonne deine Schulter poliert!
In den Winden das Zischen
des Wetzsteins

an der Schneide.
Mein Herz ein aufgehender Teig
vergrößert

in hay-made cathedrals. Fertility
in earth's groin, no Lothario
but folded

into each other
a moist bed of moss
how smooth the length of your back!

Through hollow horns
a bellowing sound,
not deer

nor eagles,
but the ghost inside me.
A blade of grass

among heaps of hay and thorns,
how sharp
the scythe of season.

in Kathedralen aus Heu. Fruchtbarkeit
im Schoß der Erde. Kein Lotario
doch ineinander
gefaltet
ein feuchtes Bett aus Moos
wie zart ist doch dein langer Rücken!

Aus hohlen Hörnern
ein Röhren
nicht von Hirschen

oder Adler,
doch vom Geist in mir.
ein Grashalm

unter Bergen von Heu und Dornen,
so scharf
ist die Sense der Jahreszeit.

A PASSAGE FOR THE WIND

Under the white clouds piled and piled
fresh-cut grass on a downward field
in dormant air.
The clouds are over the village, she walks
with heavy heart, the hem of her skirt
brushes the earth.

A pungent fragrance before the wind,
so much part of the place, she turns her
head,
bearing her cross. Just outside the village,
where hens peck at straws, a tree of
tiny pears, forgotten,

food for bees. A matter of time and absorption,
a return to the core, the dream
to be buried.
Torn in the air, her hair a nest for crows,
She takes off her shoes and kneads her toes,
a life defeated.

Vibrant cords, winds passing through, the
sensuous she-tree braids itself around
her, never to be uprooted.

EIN DURCHGANG FÜR DEN WIND

Unter den weißen Wolken haufenweise
frischgeschnittenes Gras auf dem abschüssigen Hang
in der schlafenden Luft.
Die Wolken stehen über dem Dorf, sie läuft
mit schwerem Herz, der Saum ihres Rocks
wischt die Erde.

Ein beißender Geruch im Wind,
so zum Ort gehörig, sie dreht ihren
Kopf
und trägt ihr Kreuz. Ganz nah beim Dorf,
wo Hühner Strohhalme picken, ein Baum mit
winzigen Birnen, vergessen,

Nahrung für die Bienen. Eine Frage der Zeit und der
Aufnahme,
ein Zurück zum Kern, begraben werden
soll der Traum.
Vom Wind zerzaust ist ihr Haar ein Nest für Krähen.
Sie zieht die Schuhe aus und knetet ihre Zehen,
ein geschlagenes Leben.

Winde, die durch vibrierende Seile wehen, der
sinnliche, weibliche Baum flicht sich um
sie und wird nie mehr entwurzelt.

LETTER FROM A REFUGE

The small silence, gray-green sky
over burned-out hills.
Majestic

ecliptic silence. Not days but hours
scythed into dusk
and dawn.

Untangled limbs after seeking
blessed repose. Together
old, we are less old.

Darkness falls like an unrevealed
secret. Candles lit to smooth
our face.

Birds slice the air yet we reclaim
the whole. December pale
colossal whales

gathering snow. The white—iridescent—
glows back. A magpie
pecking at berries.

Time, a solidity and down where
knuckled roots grasp the core.
Time not before
but after. You and I, a disclosure,
no other wish but what
we find.

BRIEF AUS EINEM ZUFLUCHTSORT

Die kleine Ruhe, der Himmel graugrün
über dem versengten Hügel.
Majestätisch

verfinsterte Ruhe. Nicht Tage, sondern Stunden
gemäht zur Abend-
und Morgendämmerung.

Entwundene Glieder am Ende der Suche nach
heiliger Ruhe. Zusammen
alt, sind wir weniger alt.

Die Dunkelheit kommt wie ein nicht offenbartes
Geheimnis. Das Kerzenlicht glättet
unser Gesicht.

Die Vögel schneiden die Luft entzwei, wir aber
wollen sie ganz. Im Dezember ernten fahle,
kolossale Wale

den Schnee. Das Weiße — schimmernde —
leuchtet zurück. Eine Elster
pickt Beeren an.

Die Zeit, etwas Solides, und unten wo
geballte Wurzeln den Kern festhalten.
Die Zeit nicht zuvor,
sondern nachher. Du und ich, eine Enthüllung,
kein andrer Wunsch als das, was
wir finden.

OVER THE SHADOW

(for Maria Sofia)

She holds a crown of flowers
as a bird with broken wings,
of all days it is this
I want to remember,
where her eyes
and mine
did meet.

I know she rests close to the sea,
and there I'll find her
when tired of
peregrination
I'll sit on a wet rock
and cradle her face
inside of
me.

"Speak!" I'll ask the sky,
"shower me with the
laughter we
shared,
death is not an excuse
for keeping
me
from her".

ÜBER DEM SCHATTEN

(für Maria Sofia)

Sie hält eine Blumenkrone
wie ein Vogel mit gebrochenen Flügeln.
Von allen Tagen ist es dieser,
den ich erinnern will,
als ihre Augen
und meine
sich trafen.

Ich weiß, sie ruht nah am Meer,
und dort werde ich sie finden
wenn, müde vom
Wandern durchs Leben,
ich auf einem nassen Stein sitze
und ihr Gesicht halte
in meinem
Innern.

„Sprich!“ werde ich den Himmel bitten,
„begieße mich mit dem
Lachen, das wir
teilten.
Der Tod ist kein Grund,
mich von ihr
fern
zu halten“.

IN A ROBE OF RAYS

High up in the orange air, a rusty wind above the voyage
of the birds, a barren rock, a radiant flower.
Two figures in the nature of the sun, the weed of
summer holds as one, Elysian lovers.

Always in the emptiness that would be
filled, a larger way for blooming and beaming.
Unweaving the woven web, each thread made stronger,
something returning from a deeper well

the blackbird whistling or just after. Its shadow a cross
of fluffy wings descending in whirls and twirls
above their heads in a crown of leaves. In the green
light in a robe of rays their lips uncurling:

“you are
a thing of beauty”.

IN EINEM STRAHLENKLEID

Hoch oben in der orangen Luft, ein rostiger Wind über
dem Vogelflug, ein kahler Fels, eine strahlende Blume.
Zwei Gestalten in Natur und Sonne, die Gewächse
des Sommers halten zusammen, elysische Liebende.

Immer in der Leere, die gefüllt sein
möchte, eine größere Art des Blühens und Leuchtens.
Auflösen das Gewobene, jeder Faden nun stärker,
etwas, das aus einem tieferen Brunnen zurückkehrt.

Das Pfeifen der Amsel, oder gerade danach. Ihr Schatten
ein Kreuz
aus flaumigen Flügeln, herumwirbelnd
über ihren Köpfen zu einer Blätterkrone. Im grünen
Licht in einem Strahlenkleid, die Lippen stehen offen:

„Du bist
etwas Schönes“.

EMBER DAYS

Old soul, in withered winds I severed
my umbilical cord
felt it knot against yours—
sucking my patience with your clear eye.

No pedestal to stand on,
too weak not to. You, the penitent
the poet you
draw a rusty dagger from my breast
as I hit my head with river stones.

Bitch! Like my mother, you say, and I,
silenced to an abyss of shame
wringing my hands
in the dark,
full of wings, I beg of you, no.

Sepia sun downs, a solstice of a kind—
nails driven in deep.
A rocky keel lays down the wind,
stars, nosing for distance,
sing and gloat.

Furtive young springs, embedded
leaves and pungent
light rays.
The old, the old me bows deeper than before,
slow as the world.

QUATEMBER (DIE VIER FASTTAGE)

Alte Seele, im flauen Wind durchschnitt ich
meine Nabelschnur,
spürte, wie sie sich mit der deinen verknüpfte —
du saugtest meine Geduld auf mit deinem klaren Auge.

Kein Sockel als Standort,
zu schwach, es nicht zu tun. Du, der Büßer,
der Dichter, du
ziehst einen rostigen Dolch aus meiner Brust,
während ich meinen Kopf traf mit Steinen aus dem Fluss.

Schlampe! Wie meine Mutter, sagst du, und ich,
verstummt in einem Abgrund der Scham,
mit den Händen fuchtelnd
im Dunkeln,
voll Flügel, ich bitte dich, nein.

Braune Sonnenuntergänge, eine Art Sonnenwende —
tief eingeschlagene Nägel.
Ein wackelnder Kiel beruhigt den Wind.
Sterne, vorsichtig in die Ferne schweifend,
singen und sind schadenfroh.

Verstohlene Frühjahre, verhüllte
Blätter und ätzende
Lichtstrahlen.
Das alte, das alte Ich beugt sich tiefer als zuvor,
langsam wie die Welt.

ONE SINGLE TEAR

Your tear that knows my body by heart
slowly makes its way
down your cheek
while time bends back on itself
and my cries make my tongue heavy.
I cannot flee with the wailing of many years
not for you nor our
newly born future
sealed in a bottle cast out at sea
the ray of our magic
seeks the horizon.
What is eternity if not the patience
of your soul as you circle
my finger
with your hand. That one single tear
drags in its wake inescapable tomorrows,
certitude weighs as the leaving
of it behind.

This a slow story, where all begins anew
even for so brief a time,
as tomorrow is not a promise.

EINE EINZIGE TRÄNE

Deine Träne, die meinen Körper auswendig kann,
nimmt langsam ihren Weg
deine Wange hinab,
während die Zeit rückwärts läuft
und mein Heulen mir die Zunge schwermacht.
Fliehen kann ich nicht mit den Klagen vieler Jahre,
weder vor dir, noch vor unserer
neugeborenen Zukunft,
verzapft in einer Flasche im Meer.
Der Strahl unserer Magie
sucht ihren Horizont.
Was ist die Ewigkeit, wenn nicht die Geduld
deiner Seele, wenn du meinen
Finger umgibst
mit deiner Hand. Jene einzige Träne
schleppt in ihrem Fahrwasser unausweichliche neue Tage.
Gewissheit wiegt auf das
Zurücklassen.

Diese langsame Geschichte, wo alles wieder neu beginnt,
wenn auch nur für kurze Zeit,
weil das Morgen kein Versprechen ist.

FOR JAS

". . . The wild anemone
the daring flower."
J. Laughlin

Quiet hills
now sing your name
a cold November afterglow.
We shall remember
the many holes
burnt in the pockets
of your coat
and in their heart
the gentle ladies
can sing for you today.
Was love so easy
on your lips,
defying
a world of things?
So many left
before you
names put to rest. . .
There's room in us
for breathing flames,
you are the cloud
still curling perfect
rings of smoke.
. . .lay down your pen
for us to hold. . .

FÜR JAS

„. . . Die wildwachsende Anemone
die mutige Blume.“
J. Laughlin

Stille Hügel
singen nun deinen Namen,
ein kaltes Aufglühen im November.
Wir werden uns erinnern
an die vielen Löcher, die du in die
Manteltaschen gebrannt hast,
und heute können die geneigten Damen
in ihren Herzen für dich singen.
War die Liebe so leicht
auf deinen Lippen,
trotzend
allen Dingen der Welt?
So viele haben uns
vor dir verlassen,
Namen zur Ruhe gelegt . . .
Wir haben Platz in uns
für lebendiges Feuer,
du bist die Wolke,
aus der immer noch perfekte
Rauchringe kommen.
. . . leg deine Feder weg
damit wir sie ergreifen . . .

DOWN ABSOLUTE AZURES

I see you weep my tears at dawn,
on the edge of light and leaf.

Swift as a crab on the moon-shaped reef,
my heart flees to its oystered dome.

Inside its undulating slit, quiet pools,
like white needles of blown glass.

Moved by the carmine glow
you reach out for it. It closes and you wake.

UNTER PERFEKTEM AZURBLAU

Ich sehe wie du in der Dämmerung meine Tränen weinst,
auf der Kante von Licht und Blatt.

Schnell wie der Krebs auf dem sichelförmigen Riff,
flieht mein Herz in seinen Austerndom.

Drinnen in ihrem wogenden Spalt, stille Teiche,
wie weiße Nadeln aus geblasenem Glas.

Erregt von der karminroten Glut,
greifst du nach ihr. Sie klappt zu und du bist wach.

WINTER'S MERCY

It comes as if the sun in December
might be enough, as if the golden
stalks were part of a ruler's crown.
As if age, so purified, has disappeared,
as if pain, no longer carried lightly
could be borne and held secure.
It comes as the moon in the wake
of time lights up the empty side
of darkness. Leaking gold.

For a moment, a moment repeated,
the reality of faith seems to conquer
all fear. Even the wind most fierce.
Wood-smoke rises through my chimney,
caught in the upper flow and whirls
away. Trees so still as if they the bore sad
names. And yet—doesn't their stillness
take us unaware into a world of stark
meanderings and iridescent spheres?

A whiter sky expands so much bolder,
A sky that speaks of the soul. The trees
around are for us, all the imagined is.
The winter is made, it has buried its
skeletons under hard soil.
They will bloom in spring
into small hands of joy.

WINTERERBARMEN

Es ist wie wenn die Sonne im Dezember
genügen würde, wie wenn die goldenen
Stoppeln ein Teil der Herrscherkrone wären.
Wie wenn das Alter, so verfeinert, verschwunden wäre,
wie wenn der Schmerz, nicht mehr leicht ertragen,
angehalten und sicher aufbewahrt werden könnte.
Es geschieht, wenn der Mond, im Gefolge der
Zeit, die leere Seite der Dunkelheit
erleuchtet. Ausgeschüttetes Gold.

Für einen Augenblick, einen wiederholten Augenblick,
scheint die Wirklichkeit des Glaubens
alle Furcht zu besiegen. Sogar den heftigsten Wind.
Der Rauch vom Holz in meinem Kamin steigt,
wird erfasst vom Rauchfang und wirbelt
fort. Die Bäume sind so still, wie wenn sie traurige
Namen hätten. Und doch, nimmt ihre Ruhe uns nicht
unmerklich mit in eine Welt von scharfen
Windungen und schillernden Sphären?

Ein weißerer Himmel erstreckt sich viel mutiger,
ein Himmel, der von der Seele spricht. Die Bäume
ringsum sind für uns, alles Erdachte ist es.
Der Winter ist da, er hat seine Skelette
begraben unter der harten Scholle.
Sie werden im Frühling erblühen
als kleine Hände der Freude.

M'AMOUR

Watchful, at the window, stretched
like the bow that bends the moon,
she is the solidity and down, reaching
the silver-sharp sound—m'amour—

Wrapped like a spool around its treasure,
the onion-skinned soul stings and sings
its way out. Her white hands unfold
lilies in a silver beam.

She watches the moon drag her shadow
when dandelions blown from their stalk,
whirl in the cool breeze like tufts of fog.
Caught in the eerie light she is beautiful.

Radiant, with something she can touch.
touch every way, she holds to that thought
that can't dissolve, neither in distance
nor water or air—

not in the word made of substance and
one single breath—m'amour—my love.

M'AMOUR

Ausschau haltend, am Fenster, gespannt
wie der Bogen, der den Mond beugt,
ist sie das Feste und greift nach dem
silberscharfen Ton — m'amour —

Wie ein Schatz gewickelt auf eine Spule,
sticht und singt die zwiebelhäutige Seele
sich heraus. Ihre weißen Hände öffnen
die Lilien in einem Silberstrahl.

Sie sieht, wie der Mond ihren Schatten dorthin
zieht, wo Löwenzahnsamen, von ihren Stielen
weggeblasen, wie Nebelfetzen in der kühlen Brise tanzen.
Erhascht vom unheimlichen Licht, ist sie schön.

Strahlend, mit etwas, das sie anfassen kann,
wo auch immer, klammert sie sich an den Gedanken,
der nicht vergehen kann, weder in der Ferne,
noch im Wasser, noch in der Luft —

noch im Wort aus Substanz und
einem einzigen Hauch — m'amour — mein Liebster.

grow yellow leaves,
sparks in yellow sanctuaries,
as the sun leads the heavens in a golden sheen.

Time bends backwards on itself
in the glorious feast
borrowing the light from your secret thoughts.

What season are you now?
Can I guess?
Behind the year old rainbow you are the child,

making songs out of wind
and holes out of air,
the leaves above and the bed of leaves.

The patient earth has time for you.

AUS DEINEM HERZ

lass gelbe Blätter wachsen,
Funken im gelben Heiligtum,
wie die Sonne den Himmel anführt im Goldglanz.

Die Zeit beugt sich in sich selbst zurück
im glorreichen Fest
und borgt sich das Licht deiner geheimen Gedanken.

In welcher Jahreszeit bist du nun?
Darf ich raten?
Hinter dem jahrealten Regenbogen bist du das Kind,

das aus dem Wind Lieder macht
und Löcher aus Luft,
die Blätter oben und das Bett aus Blättern.

Die geduldige Erde hat Zeit für dich.

THE TULIP TREE

Tell her a riddle of the past, I asked,
that will hold her to you slow and
forever

like the simple tree grows and does not
change you. What makes a web
on her face,

a transparency of the bone the breeze
can't tear nor the year can end?
What are

the trees for the old that grow so
complete? A succession of rings
they do not

stop at dark but go on growing.
While the flowers proudly
balance the mind,

her eyes are lit up, returning the tide
to the moon that keeps ending—
keeps ending? —

Unprepared for the next dawn, an absence
all over, a stillness,
she lifts her arms

DER TULPENBAUM

Gib ihr ein altes Rätsel auf, bitte ich,
das wird dich mit ihr verbinden, langsam und
für immer,

wie der simple Baum wächst und dich
nicht verändert. Was ist's, was Falten bildet
in ihrem Gesicht?

Ein Röntgenbild des Knochens kann die Brise
nicht zerreißen und auch die Jahre nicht beenden?
Was sind

die Bäume für die Alten, die so
vollkommen werden? Eine Folge von Jahrringen.
Sie hören nicht auf

im Dunkeln, sondern wachsen weiter.
Während die Blumen stolz

ihre Augen leuchten lassen und dem Mond die Gezeiten
zurückgeben, die immer enden —
enden? —

Unvorbereitet für die nächste Morgendämmerung, überall
eine Leere, eine Stille.
Sie hebt ihre Arme

and holds her hands to her mouth. Who
can tell if she's grieving.
From a distance

she makes songs and is pleased.
At her feet the dog licks
his wounded paw.

He keeps her steady as the turtle doves
at her heart keeps billing
and cooing.

und hält die Hände an ihren Mund. Wer
kann wissen, ob sie trauert?
Aus der Ferne

macht sie Lieder und freut sich.
Ihr zu Füßen leckt der Hund
seine wunde Pfote.

Er beruhigt sie wie die Turteltauben
in ihrem Herzen, die immer turteln
und gurren.

HUNGRY FOR LOVE

You knew in our narrow bed that winter
when you wrapped me in your arms
and no whispers came nor warm lips
nor cold breath could shake us alive,
that the angel of doom racked us
with its black wing at each dusk.

Ancient longings kept in old scrolls
sing to the courage like a river without
banks never stops flowing.
What stays is the lure that heals the
hurt of hunger and love I won't regret,
and will live in my moss-bedded heart

like a wet sponge on a cold shore.

LIEBESHUNGER

Du weißt, in unserm schmalen Bett damals im Winter,
als du mich in deine Arme hülltest
und weder ein Flüstern, noch warme Lippen,
noch kalter Atem uns zurück ins Leben schütteln konnte,
dass der Unglücksengel uns quälte
mit seinem schwarzen Flügel, in jeder Dämmerung.

Alte Sehnsucht auf alten Pergamentrollen
besingt den Mut, wie ein Fluss ohne
Ufer nie zu fließen aufhört.
Was bleibt, ist die Verlockung, die den Schmerz
des Hungers stillt, und die Liebe, die ich nicht bereue,
und fortlebt im Moosbett meines Herzens,

wie ein nasser Schwamm auf einem kalten Strand.

THE BLACKBIRD'S FEAST

Into the grapevine dome the blackbird spreads
its tail so that the sun may speckle.
Drawn to ruby seed, a black
minstrel in a flock of leaves. So close
our mirrored
lives, the fragile bough bends but does not
break.
It matters not
that all we say is made of sound, as on water on a
windy day. And that there's but the moment,
gone, swift as shadows
in our eyes.
Something returning from a deeper well,
the far-gone sighs, the long gone
dead.
Hard rock,
a solid glitter of purple memories,
a blooming glow of leaf-green fate, On a trunk
we rest
near the cypress tree, the past a music gone,
a changing essence catches our own
in the freshness
of the unchanging sound. Where the beginning
is gay
and green and time as all time's work
will keep it
carved
in the beam of stone.

EIN FESTESSEN FÜR DIE AMSEL

Im Dom der Reben spreizt die Amsel
ihren Schwanz, damit die Sonne ihn sprenkeln kann.
Angezogen von roten Samen, ein schwarzer
Sänger in einer Herde von Blättern. So nah
an unserem gespiegelten
Leben, der zerbrechliche Zweig biegt sich, aber
bricht nicht.
Es macht nichts,
dass alles, was wir sagen aus Schall gemacht ist, wie auf dem
Wasser an
einem windigen Tag. Und dass es nur den Augenblick gibt,
vergangen, schnell wie Schatten
in unsern Augen.
Etwas, das aus einem tieferen Brunnen kommt,
die längst verhallten Seufzer, die lange schon
toten.
Harter Fels,
ein stetes Glitzern von reichen Erinnerungen,
ein blühender Glanz des laubgrünen Schicksals.
Auf einem Baumstamm halten wir
Rast
bei der Zypresse. Das Vergangene ist Musik von gestern,
ein veränderter Kern trifft die unsere
in der Frische
des unveränderbaren Klangs. Wo der Anfang
fröhlich ist
und grün und die Zeit wie das Werk aller Zeiten
bleibt,
gemeißelt
im leuchtenden Stein.

BOROBUDUR

The foam-like space,
candle-lit ways
glow
in the ancient word.
                                        Light
gathered in gold-lined eyes.

Red earth grown hard
        around the face you hold
in the folds
                of your arms.

In yellow satin
the dormant dreams laid out
on altars
            of sun-bitten clay.

Unmasked
the moon may fall
between the anemone and
                                                the cloud.

Old as the years, the soul
center alabaster
                            of a rose
hardly tips the universe.

BOROBUDUR

Der schaumartige Ort.
Mit Kerzen belichtete Wege
erglänzen
in den antiken Wörtern.
Das Licht
bündelt sich in goldumrahmten Augen.

Die rote Erde ist hart geworden
um das Gesicht, das du
in gefalteten
Armen hältst.

Im gelben Satin
sind die schlafenden Träume ausgelegt
auf Altären
aus an der Sonne gebranntem Lehm.

Ohne Maske
könnte der Mond fallen
zwischen der Anemone und
der Wolke.

Alt wie die Jahre, bringt die
Alabasterseele
einer Rose
das Universum kaum aus dem Gleichgewicht.

A miracle
tongue-curled in my ear.
For one
        beautiful day

there had been peace
                    and a thousand years
                                        in a wink.

Ein Wunder
hört mein Ohr, mit der Zunge am Gaumen.
An einem einzigen
                    schönen Tag

hatte es Frieden gegeben,
                    und tausend Jahre vergingen
                    in einem Augenblick.

OLGA'S VIOLIN

Under the tall sequoia,
solid roots to stone,
set bow to string
reborn,
Olga's violin.

Not a sigh of wind
nor groans of the old,
it carries the
sound
melodious and sweet.

And the bow danced
silencing birds
in the noon heat. A rocking
of the mind, the Bad
Girl's beat.

In its old casement the violin
rests. The veined hand,
the eyes of a cat.
Au revoir, she said.
Au revoir.

OLGAS GEIGE

Unter der großen Sequoia,
verwurzelt im Fels,
den Bogen auf den Saiten,
wiedergeboren ist
Olgas Geige.

Kein seufzender Wind,
kein Stöhnen der Alten.
Sie trägt den
Ton
melodisch und süß.

Und der Bogen tanzt
und macht die Vögel stumm
in der Mittagshitze. Ein Gerock
im Kopf, der Rhythmus des
Bad Girls.

In ihrem alten Kasten ruht die
Geige. Die Blutadern auf der Hand,
die Augen einer Katze.
Au revoir, sagte sie.
Au revoir.

CANTO

For my mother

You are the ring in the tree,
the shadowed brow, the hard resin.
From your filled ancestry seeps the sap
As it grows, filled with the pomegranate.
Limpid tender root anchored in the lake,
braided hair in your sleep—
in one single bough of time
two boughs. The whim against blinds and beams
has given way to the night of the mountain.
Against you hurled an infrequent rival,
a succession of sunsets.

The Canto goes on consuming sky,
its vale of tears inherited.
Poets die prisoners
but not the dawn.
Tree trunk Brancusian becomes light
and the bird is looking for you.
Not many flowers I picked but oceans,
to me, as slender plumed swallow,
you gave way to wings and a solid perch.

At last the light diffuses my first wails,
and I listen to the sighing of the wind.
Transparent tree,
our home has radiant thresholds.

CANTO

Für meine Mutter

Du bist die Jahrringe im Baum,
seine beschattete Stirn, sein hartes Harz.
Von deinen vielen Ahnen kommt der Saft
zum Wachsen. Er ist voll von Granatäpfeln.
Die zarten Wurzeln sind verankert im See.
Du schläfst mit den Zöpfen —
in einem einzelnen Ast der Zeit
sind zwei Äste. Dein Tick gegen Jalousien und
Fensterrahmen
ist jetzt verdrängt von der Nacht auf dem Berg.
Gegen dich gab es nur selten Rivalen,
eine Reihe von Sonnenuntergängen.

Der Canto verschlingt weiterhin den Himmel,
das Tal der Tränen ist vererbt.
Dichter sterben als Gefangene,
nicht aber der Tagesanbruch.
Brancusis Baumstamm wird zu Licht,
und sein Vogel ist auf der Suche nach dir.
Wenige Blumen habe ich gepflückt, dafür ganze Meere.
Mir, einer schlank befiederten Schwalbe, hast
du die Flügel geöffnet und eine solide Sitzstange gegeben.

Endlich verdrängt das Licht meine ersten Wehklagen,
und ich höre dem Säuseln des Windes zu.
Oh, durchsichtiger Baum,
unsere Behausung hat leuchtende Türschwellen.

I seek beyond time and find there
peace,
as your voice sings to me.

Ich suche außerhalb der Zeit und finde
Frieden,
während deine Stimme für mich singt.

Patrizia de Rachewiltz ist in Südtirol zweisprachig aufgewachsen, mit Deutsch und Italienisch. Da sich aber in ihrem Elternhaus, der unter Dorf Tirol gelegenen Brunnenburg, immer mehr englischsprechende Gäste einstellten, rutschte sie ebenfalls in diese Sprache hinein. Als ihr Großvater, Ezra Pound (1885–1972), für viele der größte Dichter des 20. Jahrhunderts, nach seiner Entlassung aus der Klinik in Washington im Sommer 1958 auf die Brunnenburg kam, war Patrizia noch ein achtjähriges Kind. An ihre erste Begegnung mit Ezra Pound hat sie sich später im rührenden Gedicht „Sommer 1958 (E. P. kommt nach Italien zurück)" elegisch erinnert.

Obwohl sie in einem von französischen Nonnen geführten Internat in Rom Französisch lernte und nach Studienjahren in Venedig und Wien in Holland landete, wo das Holländische auch noch dazukam, blieb Englisch ihre bevorzugte Sprache. Allerdings ist die ursprüngliche Fassung von *My Taishan* bei Raffaelli 2007 zweisprachig, Englisch und Italienisch, erschienen, wobei der italienische Text auch von ihr stammt. Inzwischen sind diese Gedichte international verbreitet worden. Die englisch-spanische Ausgabe, die 2014 bei Linteo Poesia herauskam, stieß auf beachtliches Interesse. Nach dem großen Erfolg in Spanien sind Ausgaben noch in weiteren Sprachen am Erscheinen, so die englisch-rumänische bei Editura Scoala Ardeleana und hier nun die englisch-deutsche.

Ihre ersten Lieblingsdichter waren der englischschreibende Inder Rabindranath Tagore (1861–1941) und der persische Dichter Omar Khayyam (1048–1131), dessen *Rubaiyat* sie in Edward Fitzgeralds englischer Übersetzung las. Neben William Butler Yeats (1865–1939) und den Geschwistern Bronte begeisterte sie sich vor allem für das

Haiku, weshalb sie in Venedig und Wien Japanologie studierte. Mit dem japanischen Kurzgedicht, dem Haiku, begab sie sich in die Fußstapfen des von ihrem Großvater gegründeten Imagismus, bei dem alles Abstrakte und die jambische Monotonie mit der konkreten, direkten Aussage und mit freien Rhythmen bekämpft wurde.

Wie Emily Dickinson (1830–1886) lebt Patrizia de Rachewiltz eingekapselt in ihre eigene Welt. Beeinflusst wurde sie auch von den großen russischen Dichterinnen Anna Achmatova (1889–1966) und Marina Cvetaeva (1892–1941). Die Lektüre von Sylvia Plath (1932–1963) und Robert Lowell (1917–1977) bekräftigte sie bei ihrer Hinwendung zur „Confessional Poetry“, die in den 50er und 60er Jahren des letzten Jahrhunderts den Modernisten den Platz streitig machte. Jedoch belastet unsere Autorin ihre Gedichte nicht wie die Amerikaner Robert Lowell, Anne Sexton (1928–1974) und andere Dichter dieser Schule mit dem Freud'schen Racheszenario, obwohl sie auch psychische Probleme zur Sprache bringt.

Patrizias Lyrik beginnt oft mit ganz realistischen Beschreibungen, die sich aber nicht selten ins Visionäre oder Surreale verwandeln. Ihre Themen sind größtenteils autobiografisch: Liebe, Ehe, Untreue, Schwanger- und Mutterschaft. *Mein Taishan* ist aber auch ein Familienalbum, in dem wir lyrische Portraits der für die Dichterin wichtigsten Personen finden.

„Sommer 1958“ ist nicht das einzige Gedicht, in dem ihr Großvater vorkommt. Das Motto in „Der Sommer der weißen Rosen“ ist zusammengesetzt aus zwei Zitaten aus Ezra Pounds Jahrhundertgedicht, den *Cantos* („so slow is the rose to open“ und „The azalea is grown while we sleep“). Aus Pounds unspezifischer Rose wird „die weiße Rose der Braut“ und statt der Azalee haben wir blaue Kornblumen: „So langsam öffnet sich die weiße Rose der Braut, und die Kornblumen sind gewachsen, während wir geschlafen haben“. Das

Gedicht entstand im Zusammenhang mit der auf der Brunnenburg am 7. Juli 1977 gefeierten Hochzeit der Dichterin mit dem Holländer Pim de Vroom.

Borobudur ist der Ort in Indonesien, wo eine riesige Tempelanlage jetzt zum UNESCO Welterbe gehört. In den Versen, die mit diesem Namen betitelt sind, kommt Großvater Pound erneut zum Wort, und zwar am Schluss, nach der Beschreibung der Tempelatmosphäre. Bei Pound liest man „And for one beautiful day there was peace", das bei unserer Dichterin in der deutschen Übersetzung so lautet: „Für einen / einzigen schönen Tag / / hatte es Frieden gegeben." Ihre beiden Schlussverse, „und tausend Jahre / in einem Augenblick", finden sich in Pound's *Cantos* wie folgt: „a day as a thousand years" und „To live a thousand years in a wink". Man darf wohl sagen, dass Pound's Enkelin aus den *Cantos* des Ahnherrn Kraft und Frieden zu schöpfen vermag.[1]

Wenn der Greis Ezra Pound sitzend von vorn fotografiert wurde, sah man ihn immer an seinen Handrücken zupfen. Im Gedicht „Geliebter" hält auch seine Enkelin die Erinnerung daran fest. Sie sieht ihn als völlig zu Venedig gehörend, zur „perlmutternen Wasserwelt, wo die schwarzen Schwäne / zwischen den sich bewegenden Stangen sacht / seinen Namen funkeln". Und wenn der Kenner der *Cantos* liest: "Er mag wohl auf den Stufen sitzen / an der Sonne", kommt ihm der Anfang des dritten Cantos in den Sinn: „I sat on the Dogana's steps". Fotografen wie David Lee und Horst Tappe haben auf den durch Venedig spazierenden verstummten Ezra Pound geradezu Jagd gemacht. Was aber keine Kamera festgehalten hat, ist die „Spur von Freude", die seine Enkelin

1 Die fünf Zitate aus Pounds *Cantos* sind zu finden auf den Seiten 1120, 1114, 1182 und 678 in der deutsch-englischen Gesamtausgabe aus dem Arche Verlag (2012) oder in der Amerikanischen Ausgabe bei New Directions (1995) auf Seiten 776, 772, 821, 451 und 813.

feststellen konnte, oder auch seine Tochter, da es nicht klar ist, wer in diesem Gedicht spricht und wer zuhört. Doch beide waren von ihm „geschätzt . . . weit über jede Liebe hinaus".

Es gibt Gedichte, in denen Patrizias Mutter allein im Mittelpunkt steht. Unter dem Titel „Wieder ruhiger" steht „Für meine Mutter". Die Mutter ist in Gais im Pustertal bei Pflegeeltern groß geworden und hat ihr ganzes Leben dem Werk ihres Vaters gewidmet. Sie hat Pound ins Italienische übersetzt, vorab die über achthundert Seiten langen, den Übersetzer äußerst herausfordernden *Cantos.* Noch heute vergeht fast kein Tag, an dem sie sich nicht noch immer in dieses Riesenwerk vertieft. Mary de Rachewiltz hat sich auch als Lyrikerin, auf Italienisch und Englisch, einen Namen gemacht. Es entging ihrer Tochter nicht, dass auch alternde Mütter noch Sehnsüchte haben und noch frustriert sein können. Und so freut sich die Tochter, wenn ihre Mutter „wieder ruhiger" ist. Patrizia, die die meiste Zeit in Hertogenbosch, der Geburtsstadt von Hieronymus Bosch, verbringt, wo sie zwei Söhne hatte und an einem Institut Italienisch und Französisch unterrichtete, sieht ihre Mutter an ihrem hoch oben in der Brunnenburg befindlichen Schreibtisch (worauf eine ganze Reihe von Burgkatzen ausgestreckt an der Sonne gelegen haben). Sie sieht sie, wie sie ins Etschtal blickt und den ersten Vögeln zuschaut. Dann lobt sie ihre Mutter für die weise Unterteilung der Brunnenburg, sodass alle Bewohner ihr Leben nach ihrer eigenen Fasson gestalten konnten. Darauf stellt sich die Tochter vor, was in der Seele ihrer Mutter vorgeht. Das hölzerne Rosenkreuz, das am steilen Sträßchen von der Burg ins Dorf steht, sieht die Tochter als erste Station auf dem Weg „zurück in den Mutterleib". Das Gedicht endet, nachdem sich die Tochter vorgestellt hat, wie der Fluss, die Ahr, „vom / geliebten Dichter spricht", mit einem Robert Frost-artigen Ausspruch, der deutsch so lautet: „Die

Kraft des Erinnerns / liegt im nochmals von vorn beginnen" ("the strength of remembering/ is in starting all over").

In der englisch-spanischen Ausgabe wurde am Schluss noch ein weiteres Gedicht an die Mutter angehängt, das nun auch in die englisch-deutsche aufgenommen ist. Es trägt den Titel „Canto" und darunter steht wieder „Für meine Mutter". Es beginnt: „Du bist die Jahrringe im Baum", das heißt, dass es dank ihr noch Wachstum gibt, weil der Saft der Ahnen noch immer fließt. Das Gedicht enthält den Wettstreit zwischen dem Tränental, wo „Dichter sterben als Gefangene", und der Kunst und der Natur, die gemeinsam das Schöne schaffen. Auch die Tochter findet zurück in den Frieden der Kindheit, wo Ihre Mutter noch immer für sie Kinderlieder singt.

Im Gedicht, das im Englischen „river end" heißt und in der deutschen Übersetzung „Der Gesang des Flusses", nach dem italienischen Titel, „la voce del fiume", schlüpft die Tochter ganz in die Kindheit ihrer Mutter. Da sind die Marchers, die Pflegeeltern an einem sonnigen Sonntag. Sie (Mamme) reibt sich die Knie ein und singt „mit zarterer Stimme." Er (Tatte) geht zu den Bienen „mit der Pfeife in der verkrüppelten Hand" (eine Folge des 1. Weltkriegs). Andere Töchter „mit dicken Zöpfen" kommen auf Besuch. Es ist Winter mit „Eisblumen an den Fenstern", den „Geranien im Haus". Die Hühner sind in der Küche, wo es „Winter für Winter" nach Hefe und Teig riecht. Und nun sind die Marchers an einer warmen Ecke des Friedhofs begraben. Nur „der Gesang des Flusses" ist ohne Ende.

In Patrizias Familienalbum gibt es auch zwei Gedichte über ihre Großmutter, Olga Rudge, die Konzertgeigerin, die bei der Vivaldi-Renaissance eine führende Rolle gespielt hat. Das Gedicht „Großmutters Garten" kommt aus der Zeit, als die Mutter in Amerika war und Patrizia in der Obhut der

Großmutter. Zwar roch es „süß und warm unter den Oliven“ in Sant’Ambrogio, oberhalb von Rapallo, wo Olga „mit großer Sorgfalt“ ihre Rosen betreute. Doch ihr Enkelkind weigerte sich zu essen, was ihr vorgesetzt wurde. In ihrem Hungerzustand wusste sich das Kind jedoch zu helfen und versteckte Brot „in den Spalten der Gartenmauer“. Als Erwachsene erinnert sie sich an den herrlichen Ausblick nach Portofino und vergleicht das Blau des Horizonts mit dem Blau der Blumen auf Großmutters Teekanne. Vor der Hochzeit mit Pim, an der Olga nicht teilnahm, sagte sie zu Patrizia, sie solle „wenigstens / einen modischen Hut tragen / und die Flitterwochen in Erinnerung halten“. Im Nachhinein bereut unsere Dichterin, dass sie sich in Gegenwart ihrer Großmutter wie in einem Gefängnis vorgekommen ist. Sie hofft, dass es im Paradies „für uns beide Platz“ gibt.

In „Olgas Geige“ erleben wir die Wiedergeburt ihres Instruments, dessen Ton „die Vögel stumm macht“. Dafür hatte eine Bewunderin von Olga und Olgas Vivaldi-Begeisterung gesorgt, die junge Violinistin Vera Beths. Unter der hohen Sequoia bei der Brunnenburg gab sie mit Klavierbegleitung auf Olgas Geige ein Konzert. Am Schluss, wo die Geige wieder in „ihrem alten Kasten ruht“, kommt noch die Erinnerung an Großmutters „Blutadern auf der Hand“, an ihre Katzenaugen und an ihre Abschiedsworte in elegantem Französisch: „Au revoir“.

Sowohl Mary als auch Patrizia nahmen teil an der 1999 in Beijing abgehaltenen Ezra Pound-Tagung, bei der beide an der Exkursion auf den heiligen Berg Taishan mitmachten. Das Titelgedicht, „Mein Taishan“ enthält jedoch keine Erinnerung an die eigentliche Besteigung. Stattdessen verwandelt sich die Autorin in eine „Ziege / auf hohem Fels“, die dank der grünen Stauden die Gletscherwinde überstehen kann. Es ist eine romantisch aufgeladene Alpenwelt mit Nebel, Schluchten und Abgründen, nicht die Welt des Taishan, die vor uns entsteht. Zudem schleicht der Mann ihr nach, dessen Duft sie von weitem erkennt. Wie „tief versenkte Pflöcke" können sie nicht voneinander lassen. Und so steigen sie weiter, wie durch einen Tunnel, bis sie endlich das Licht am Ende erblicken. Am Schluss ist sie wieder die Ziege, die meckert: „Bää, bää . . . lass mich in Würde gehen / auf wohlriechenden Pfaden der Wildnis". Für die anderen Pilger auf den heiligen Berg war es eine Begegnung mit dem realen Taishan, nachdem sie in den *Pisaner Gesängen* (1949) den imaginären Taishan kennen gelernt hatten, das heißt den Hügel, den Pound vom Militärstraflager aus sehen konnte und Taishan taufte.

Ein Jahr nach dem Erscheinen von *My Taishan* hat Patrizia de Rachewiltz den Gedichtband *Dear Friends* veröffentlicht (Arroyo Seco, New Mexico: Palisade Press, 2008) und 2011 kam *Trespassing* heraus (New Orleans: UNO Press). Sie war aber auch als Übersetzerin tätig, ins Italienische und ins Englische.

Walter Baumann

Ezra Pound kehrt nach Italien zurück im Juli 1958 (v.l.n.r.: Patrizia, ihr Vater, Ezra Pound und ihr Bruder, Siegfried Walter)

Der Schlossherr der Brunnenburg und Vater von Patrizia, Boris de Rachewiltz (1926–1997). Im Hintergrund die Brunnenburg. Aufnahme 1991

Foto-Portrait von Ezra Pound, aufgenommen 1958 von Boris de Rachewiltz

Olga Rudge (1855–1996); Gedenkbild an ihren 100. Geburtstag.

Patrizia de Rachewiltz auf der Burgterrasse 1997

Mary de Rachewiltz und Patrizia im Sommer 2009

Patrizia de Rachewiltz im Jahr 2015

Die Autorin

Patrizia de Rachewiltz, geboren 1950 in Meran, lebt in den Niederlanden. Ihre sprachliche Heimat ist das Englische, obwohl sie in Südtirol mit dem Deutschen und Italienischen aufgewachsen ist. Ihre tiefschürfende Lyrik ist mit der anglo-amerikanischen Bekenntnis-dich-tung verwandt. Sie befolgt aber auch die Grundregeln des Imagismus, die auf ihren Großvater Ezra Pound zurückgehen.

Inhalt

MIX
Papier | Fördert gute Waldnutzung
FSC® C083411

Zeitfracht Medien GmbH
Ferdinand-Jühlke-Straße 7
99095 Erfurt, Deutschland
produktsicherheit@kolibri360.de

Druck:
CPI Druckdienstleistungen GmbH
im Auftrag der
Zeitfracht Medien GmbH
Ein Unternehmen der Zeitfracht - Gruppe
Ferdinand-Jühlke-Str. 7
99095 Erfurt